U0479371

大家小小书
篆刻　王兴家

新编历史小丛书

北洋海军

戴逸 著

北京出版集团公司
北京人民出版社

一部简明北洋海军史的拓荒之作

黄爱平

在中国近代历史上，发生在1894年的中日甲午战争是中华民族最为惨痛的记忆之一。正是在这场战争中，清朝政府倾力打造的一支新型武装力量——北洋海军全军覆灭。半个多世纪之后，中国学界第一本简明北洋海军史——戴逸先生的《北洋海军》问世。又半个多世纪之后，先生亲自将是书重加修订，交由北京出版集团出版。一本小册子，先后两次出版问世，这其中有着怎样的故事？对北洋海军的研究，又与先生的人生经历、学术道路和治学特色有何关联？在此，笔者不揣冒昧，尝试略述一二，以期对读者朋友有所助益。

1926年，戴逸先生出生于江南人文之乡——常熟。他自幼酷爱文史，经常攥着家里给的一点儿零花钱，追着走街串巷、出租连环画小人书的流动书摊看书、听故事，还不时钻进街头那些售卖古籍的小旧书店，专心致志地读书。特别是每当夜深人静之时，先生常常独坐小楼之上，捧书吟诵，握笔圈点，往往沉醉其中，自得其乐。正是这种浓厚的兴趣和广泛的阅读，奠定了先生坚实的文史基础，而中国传统学术讲求经世致用的价值理念，中国古代士子以家国天下为己任的自觉意识，也在先生的心灵深处扎下了根，并潜移默化地影响到他日后的人生道路和学术秉性。

高中毕业以后，先生因情势所迫，不得已报考了上海交通大学，就读铁路管理专业。然而，一个偶然的北京大学在上海招生的机会，触动了先生潜藏心中的文史情结，他一举考中并毅然决然地舍弃交大两年的学籍，北上求学于北京大学史学系，从此与历史学习和研究结缘。但是，平静的学习生活很快被爆发的内战打破，忧心国家前途和命运的先生义无反顾地参加了学生运动，创办进步社团组织——孑民图书馆，并任馆长，结果遭到国民党政府的通缉，最终在中共党组织安排下奔赴解放区，进入华北大学学习。结业后先生留校任教，并随华北大学进京，一直在中国人民大学生活、工作至今。

如果说，先生当年从上海交大转而投奔北京大学史学系，在很大程度上是兴趣爱好使然；在北大上学时因参加学生运动而最终走上革命道路，也可以说是朴素的家国情怀所致。那么，进入华北大学之后，通过对中共党史、《毛泽东选集》和马列主义经典著作的系统学习，先生的思想得到了新的升华，不仅坚定了革命信念、加深了理论修养，而且自觉地将个人的兴趣爱好与革命工作的需要密切结合，从中国革命史、抗日战争史到中国近代史，再到清史，在逆向回溯的研究过程中，形成了经世资治、求实创新的鲜明治学特色。

20世纪50年代初，随着中国革命的胜利，全国掀起了学习党史、革命史的热潮。鉴于普通民众并不了解抗日战争的历史，尤其是对共产党、八路军在抗战中的作用几乎一无所知，先生萌发了撰写一本抗日战争简史的想法。在著名党史专家胡华先生的指导下，先生采用传统的章回体形式，撰成《中国抗战史演义》一书，以准确的史实、生动的文字叙述了中国八年艰苦抗战的历史。这部标志先生踏入历史研究领域的处女作，于1951年以“王金穆”的笔名出版，为中华人民共和国建立初期人们了解抗日战争的真实历史发挥了重要作用。

50年代中期，马克思主义史学的主导地位逐渐确立，近代史的研究开始得到学术界的重视，因为要说明中国走社会主义革命和建设道路的必然性，就必须研究1840年鸦片战争之后的历史，就必须揭示近代以来中国社会发展的规律。先生一方面适应教学和研究工作的需要，从1955年起连续在中国人民大学中国历史研究班上开设中国近代史课程；另一方面认真思考近代史研究中的重大理论问题，与荣孟源、李新、刘大年、陈旭麓等史学家一起撰写和发表文章，积极参与当时由著名学者胡绳的《中国近代史的分期问题》一文引发的学界大讨论。通过对课堂教学的积累和理论问题的思考，先生不仅对中国近代史的基本线索、发展阶段、主要特点、重要人物和事件都有了较清晰的了解，而且确立了以马克思主义唯物史观为指导的中国近代史的研究框架和学科体系。1958年，先生撰写的《中国近代史稿》第一卷出版。该书详细叙述了两次鸦片战争的过程和太平天国运动的历史，尤其是对太平天国这场波澜壮阔的农民战争，先生努力以马克思主义理论为指导，阐述其发生、发展并达到顶峰的过程，揭示其面临的问题乃至最终走向失败的原因，分析其推动社会发展的伟大作用及其与生俱来的历史局限。深刻的思考，新颖的论点，严密的论证，再加上生动的文字和流畅的叙述，使得该书甫一问世即蜚声京城，得到范文澜、翦伯赞、尚钺、吴晗等史学大家的好评，成为全国高校历史系普遍选用的教材。

60年代末期，中国和苏联两国在边境发生冲突。在随后进行的边界问题谈判中涉及两国边界争议的诸多历史问题。中国政府亟须学术界提供有关两国交往的史实和文献，特别是历史上关于两国边界问题的争议、谈判等档案资料。先生临危受命，广泛搜集档案、日记等第一手资料，对清代康熙年间中俄《尼布楚条约》签订的背景、谈判的情况、条约的内容、争议的问题等做了严谨的考证和深入的研究，撰成《一六八九年的中俄尼布楚条约》

一书，于1975年以内部资料的形式出版。该书实事求是地探讨了中俄双方签订条约、划定边界的历史事实，澄清了历史上一些有争议的问题，为当时中国政府处理中苏边境的有关问题提供了重要参考。

新世纪初，为实现多年来萦绕于心中的修史梦想，为履行对学界和国家的庄严承诺，先生率先倡议“把大型《清史》的编写任务提到日程上来”，又与季羡林、任继愈、王锺翰、蔡美彪等10余位权威学者联名向中央写信，吁请由政府出面组织纂修《清史》。2002年，国家大型修史工程正式启动，先生众望所归，被任命为国家清史编纂委员会主任，主持《清史》纂修工作。

先生多次强调，清朝处在从传统社会向近代社会开始过渡的重要时期，时间跨度很长，距离今天最近。因此，要了解和掌握中国的国情，建设中国特色社会主义，就要对清朝的历史有全面、深入的了解。但民国初年编纂的《清史稿》在观点、内容和史实方面都存在问题，亟须有一部观点正确、记事翔实、条理清楚、内容丰富、史料确凿的高质量的《清史》来替代它。“盛世修史”既是中国古代绵延不绝的优良传统，更是当今学人责无旁贷的使命担当。先生明确表示，国家修史，百年不遇，有幸躬逢其盛，定当竭尽全力，不负重托，不辱使命。故而先生不顾耄耋之躯，10余年来为纂修《清史》日夜操劳、忘我工作，如今虽已年逾九旬，仍鞠躬尽瘁，未有丝毫懈怠。

不难看出，先生的研究无论是从革命史、抗日战争史上溯到近代史，抑或从近代史回溯至清史，其主旨都是为了回应当代中国存在的重大现实问题，其目的都是为了探寻历史的真相，阐发历史发展的规律。可以说，先生的历史研究始终贯穿着经世资治的情怀，体现出求实创新的风格，其境界之高、视野之广、用功之勤、造诣之深，堪为我辈读书治学之典范。

这本《北洋海军》小册子，在先生足以等身的著述中或许并不那么起眼，但它同样反映了先生读书研史的鲜明特色。20世纪50年代末，随着在马克思主义唯物史观指导下历史研究的开展，向广大人民群众普及历史知识，传递正确的历史观和价值观，就成为史学工作者义不容辞的责任。著名历史学家、时任北京市副市长的吴晗热心倡议编辑出版一套通俗历史读物“中国历史小丛书”，为此特别召集各领域的数十名专家学者组成编委会，并亲自担任主编，策划选题，联系作者，审读书稿。为更好地推动工作，吴晗倡导编委会的专家学者也要自觉地“为人民而写史”，每人自选题目，撰写一册。当时，因《中国近代史稿》第一卷的出版而崭露头角的先生，与白寿彝、任继愈、何兹全、周一良、侯仁之等前辈大家一道，应吴晗之邀请，出任“中国历史小丛书”的编委。鉴于甲午战争在中国近代历史上的特殊性，考虑到学界对与之相关的北洋海军研究的极度缺乏，先生从当时正在撰写的《中国近代史稿》第二卷中特意抽出有关北洋海军的内容，以通俗晓畅的语言和生动活泼的形式撰成《北洋海军》一册，作为“中国历史小丛书”之一种，于1963年出版。

北洋海军是清朝政府花费巨资从英国、德国购买舰只打造而成的中国海军。鸦片战争之后，清朝统治者中的有识之士逐渐认识到中国正面临着“数千年来未有之变局”，必须学习西方先进的科学技术知识，才能富国强兵，挽救危局，巩固统治。因此，清廷自19

世纪60年代开始，先后采取了一系列举措，诸如编练新式海陆军、制造或购买枪炮和船舰、兴办近代工矿交通企业、引进机器生产、翻译西方书籍、设立新式学堂、培养科技人才等，掀起了从上到下、声势浩大的以“求强”“求富”为主旨的洋务运动。其中，举全国之力耗费30年时间建成的北洋海军被视为洋务运动“强兵”成效的典型。然而，这支当时号称“亚洲第一”的北洋海军却在中日甲午战争中不堪一击，一败涂地，全军覆没。清廷割地赔款，丧权辱国，真正创巨痛深，刻骨铭心。但也正是北洋海军的覆灭和甲午战争的惨败，极大地惊醒了中华民族，促使人们痛定思痛，重新寻求新的发展道路。深重的民族危机促成了新的转机，甲午战争也因此而成为中国近代史上一个极为重要的转折点。那么，北洋海军是如何建立起来的？它建立的背景、过程是怎样的？它又是如何在战争中覆灭的？其中有哪些值得汲取的经验教训？又能给后人带来什么启示？先生在《北洋海军》一书中，依据当时所能见到的资料，原原本本地叙述了北洋海军创建、发展和在中日海战中失败的过程，并努力运用马克思主义唯物史观分析北洋海军建立的背景，甲午战争必然发生的深层次原因，揭示北洋海军失败的历史教训及其深刻启示。虽然在20世纪60年代学术界乃至整个意识形态领域普遍强调“以阶级斗争为纲”的情势下，书中对历史事件以及相关历史人物的叙述和分析也不能不受到一定的影响，但先生仍然秉持求真求实的准则，尽可能客观地展现出北洋海军从建立、成军到失败的全过程。也正因为如此，《北洋海军》作为“中国历史小丛书”之一种出版之后，不仅以全新的内容和形式首开中国海军研究的风气，而且为中国近代历史知识的普及和爱国主义思想的传播发挥了重要作用。

近年来，北京出版集团为普及中国历史知识、弘扬优秀传统文化，决定重新出版“中国历史小丛书”，先生的《北洋海军》亦列入其中。欣慰之余，先生不顾年高体弱，亲自对当年旧作进行修改。有的文字重新润色，有的叙述重新改写，有的史实增补细节。更重要的则是先生积平生研究历史之心得，重新审视百年以前北洋海军从创建至覆灭这一引领洋务运动发展的历史事件，重新回顾近代以来中华民族奋起和抗争的坎坷历程，眼光更为深邃，态度更加平实，叙述更为客观，分析也更加深刻。诚如先生所言，北洋海军的建立代表着中国社会从农耕文明向近现代社会转型的过程，标志着中国社会全方位的进步，它所开启的是中国近现代社会的基础。可以说，作为一部简明北洋海军史的拓荒之作，《北洋海军》一书同样反映了先生史学研究强调经世资治、求实创新的可贵特色。

人们常说，前事不忘，后事之师。

今天，在中华民族重新崛起，努力实现中国梦的伟大历史进程中，我们更应该牢记曾经经历的挫折和承受的苦难。而对昔日的回顾和剖析，无疑有裨于我们更深入地汲取历史的智慧，进而更好地探索明天前进的路径。就此而言，先生的《北洋海军》一书不仅值得一读，更值得认真思考。

丁酉岁末于

中国人民大学宜园

目　　录

一、从一桩骗局说起

1894年中日甲午战争中，中国和日本的海军在黄海上狠狠地打了一仗，中国这支海军就是北洋海军。下面所讲的就是北洋海军建立、发展和覆灭的故事。

北洋海军从创建至1885年（光绪十一年）成军，经过了艰难困苦的努力，可以追溯至25年前阿思本舰队的建立，这是清政府第一次建立海军的尝试，结果是一桩骗局，刚建立就被解散。

那是在1861年太平天国革命的后

期，太平军在长江下游发动了强大攻势，打破了江南大营[①]，攻下了苏州、常州，包围了上海，大军所至，势如破竹，控制了长江下游的运输线。由于战略上的需要，清政府需要从外国购买一批兵舰开到长江里来，和太平军作战。清政府委托在华任职的英国人李泰国向英国购买军舰。

李泰国兴高采烈地接受了委托。李泰国是什么人呢？第二次鸦片战争以后，外国人掌握了管理中国海关的权力，李泰国就是第一任的中国海关总税务司。他控制着中国的海关，又借购买军舰的机会，意图得到控制中国海军的事权。

清朝政府本来只托他买船，他却把什么事情都通通给包办了，除买了7

艘又小又旧的军舰外，又找了600个外国水兵，任命了一个名叫阿思本的人当舰队司令，组织了一支完全受自己支配的军队。李泰国肆无忌惮，把生米煮成了熟饭，强迫清朝政府购买的这支海军由他本人节制，不归清政府直接管。

1863年，这支舰队开到了中国，真是离奇荒唐，船是外国船，兵是外国兵，司令是外国人，它是中国出钱购买的不归中国管的舰队。李泰国伪造了一个合同，说是他代表清政府和那位自封“司令”的阿思本订立的。这个合同说些什么呢？

其中一条说：阿思本只接受由李泰国传达的清朝皇帝的命令，由其他人传达的命令一概不接受。

又一条说：李泰国认为皇帝的命令不合理时，可以拒绝传达。

又一条说：中国所有的海军，归阿思本一人指挥。

又一条说：中国海军将挂用“欧洲性格”的旗帜。

好了，不必多引证了。外国的船，外国的士兵，外国的司令，外国的旗，李泰国把中国海军完全抓到自己手里。这支中国海军可以不听任何中国人的命令，甚至连皇帝的命令也可以拒绝，这真是一支奇怪的“中国海军”！

李泰国欺骗了清朝政府，不仅遭到清政府总理各国事务衙门的强烈反对，也触犯了其他很多侵略者的利益。譬如，美国看到英国人抢去这样大的权力，非常反感。美国公使蒲安臣在一个秘密报告中说："阿思本做了中国海军统帅，我们的工作就很困难了，因为我们美国人对于海关的规则，从来是不遵守的。这件事，中国政府就是不反对，我为着美国的利益，也不能答应的。"其他很多国家的态度也与美国一样。

感到恼火的人还有曾国藩、李鸿章等地方实力派。他们当时正在长江下游和太平军作战，知道船已经买回，自然满心高兴，指望用这些船来扩充自己的兵力，对付太平军。谁知如今却从半路杀出个程咬金，不但军舰不归自己管，而且还有一个外国司令和一群外国兵要闯到长江下游来横行。所以他们也竭力反对，对清朝中央政府说："当初只是购买船只，怎么又跑来一个外国司令呢？我们不能让他开进长江里来，否则，就要影响我们的士气，跟太平军的仗也打不下去了。”

清朝政府不能接受这样的一支舰队，但木已成舟，怎么办呢？后来还是曾国藩提出了一个“两全”的办法，他说：“像中国这样的大国，区区100多万两银子的买船经费，就像一根毫毛一样，根本不在乎的，不如解散舰队，把船只送给外国算了。”清朝政府无可奈何，只好参照曾国藩的建议，解散舰队。可是李泰国不答应，后来费了许多唇舌，好说歹说，答应给他一笔很大的遣散费。李泰国看到各方面的反对，知道事情弄不成，也就同意遣散舰队。李泰国企图控制中国海军的野心虽然没有实现，但借此敲诈了一笔遣散费，大大地发了一笔横财。

后来，这批舰只驶向英国出售，售船所得的钱就作为遣散费。不过据李泰国说，所得的钱还不够遣散之用，清朝政府只好掏腰包补给。共计购船经费是130万两银子，另补给经费38万两。那个自封的“司令”阿思本也没有白跑一趟，清政府还送给他犒赏银一万两。

清朝政府建立的第一支海军，就这样胎死腹中，受骗上当，落得舰财两空。

注释：

①建立在太平天国天京城外的清军大营。

二、造船和买船

清朝政府建立海军的最早企图，在李泰国的骗局中幻灭，但是清政府并没有放弃建立海军的愿望，因为中国迫切需要一支近代化的海军来对抗外国列强对中国的侵略，事关国家的兴亡。所以，此后清政府仍然非常热衷于制造船只和购买船只。

1866年，一个专门制造船舶的大型工厂在福州马尾山下建立起来，这就是著名的福州船政局。

福州船政局由闽浙总督左宗棠发起创办，后来由南洋大臣沈葆桢主持，请来主持造船工程的是两个法国人，一个名叫日意格，是一个热心于造船的法国海军军官，另一个名叫德克碑，也是一个海军军官，两人都曾在左宗棠麾下率领“常捷军”与太平军作战。日意格忠实于清政府，对造船工程很认真，秉公办事，跟着沈葆桢平地建厂，奔走于海内外，说服法国皇帝和国会支持建厂，招募法国工程技术人员，购置机器，管理留学生，还学会了中国话，能看文言的奏折、信函、公文，成为沈葆桢有力的助手。福州船政局不仅是造船厂，也是早期的海军学校，有前学堂和后学堂，学习造船、航海和海战，学两门外语——法语和英语，曾派出很多学生到法国和英国留学，培养出很多海军和造船人才。

福州船政局于同治五年（1866年）建厂，到了同治十三年（1874年），在经费短缺、经验不足的情况下，以每年两艘的速度，已经建造出15艘军舰，打下了中国造船工业和海军舰队的基础，这支“南洋海军”是第二支中国海军。随着欧洲造船技术和兵器工业的快速发展，清朝政府逐渐意识到以前制造的木质炮舰已经落后，于是改变了方针，停造木质兵舰，改为建造铁甲舰。福州船政局积累了经验，逐步掌握了造船技术，不断更新改进，后来自己建造出中国第一艘轻型钢甲巡洋舰“平远”，纳入北洋海军序列，参加了黄海海战。

由于国家财政短缺，福州船政局几度濒临关门停产，经沈葆桢艰辛经营，奔走疾呼，极力抗辩，才保全下这片艰苦奋斗创下的造船基业。

同治十三年，日本萨摩藩西乡隆盛侵略台湾，清政府开始真正重视加强海上防卫，要建立强大的海军。皇帝发布诏书，在全国发动“海防大筹议”，商议加强海防的国策。当时在西北的左宗棠，正在对付对新疆虎视眈眈、挑动西北少数民族同清朝作战的俄国，对俄战争迫在眉睫，一触即发，正需要用于战备的军饷，于是引起“塞防海防”之争，西北边疆和东南海疆的军事防御都需要用钱，怎么办？最后，清政府做出决定，两边都重要。每年拨400万两银子作为海防经费专款，从海关税收中拨出四成，在沿海7个省份的厘金中抽取。从北至南在沿海兴建炮台、壁垒等海防设施，购置军舰，建设海军。

北洋大臣[①]李鸿章负责主持购买军舰、建立海军的事务。光绪元年（1875年）以来，全国出现持续几年的大灾荒，全国都要赈灾救助，洋务运动期间需要建设工厂、开办企业、开发矿山、兴修铁路、架设电报线、开办学校，需要进行很多大型的经济建设项目，国家财政非常拮据，各省各地都缺钱，清政府所计划的每年400万两海防专款根本无法凑齐，南洋大臣[②]沈葆桢顾全大局，把南洋的拨款让给了北洋，是为了使中国海军能够快些成军。到了光绪七年（1881年），李鸿章手里只积攒下140万两白银，仍无法建起大型海军铁甲舰队。

当时的中国，列强环伺：俄国在西北觊觎新疆；英国在云南武装挑动边事，激发“滇案”，借此签订《烟台条约》，进入内地长江通商，争夺市场；法国侵占了越南南方，正准备占领北方；日本侵占台湾，吞灭琉球国，准备侵占朝鲜。它们或是通过战争手段，或是通过“万国公约”的法理名义，正在消灭中国周边历史上的藩属国家，意图在亚洲建立和扩大势力范围，进而全面进入中国。清政府在国家危亡之际，认识到必须建立海军，但是中国社会刚刚从农耕文明起步，通过洋务运动向近现代社会迈进，没有时间立即转变为工业社会，在金融等方面也没有形成现代化体系，国家财政极为匮乏，无法迅速建成海军。

中国海关总税务司赫德根据这种情况，建议购买一种新型的英国铁炮船。这种炮船身轻炮强，所以称为“蚊船”，适合当作近海的活动炮台以防御海岸、海口，不适合于远洋海战。李鸿章虽然认为不能单纯防御，但为了应急，不失为权宜之计，先后由北洋和山东、广东向英国订购了13艘蚊船。

这些蚊船在南、北洋时分时合，应事调用，与其他舰船混合使用调配，或可看作是北洋海军成军之前的过渡时期形成的第三支中国海上武装。它们虽然没有编成一支单一的舰队，却给正在发展的中国海军装上了铁甲，增强了实力，在广袤的中国海域执勤、训练、护航、游弋，在中国台湾和朝鲜事务中起到了很大作用。

北洋海军的建立是从光绪七年开始的，那时李鸿章开始向英国购买轻型铁甲巡洋舰“超勇号”和“扬威号”，于光绪八年（1882年）在德国定制“定远号”和“镇远号”，以后又从英国订购“致远号”和“靖远号”，从德国订购“济远号”和“经远号”。这些铁甲舰被命名为“远”，与以前多以“镇”字命名的蚊船相比，可以看出其长远用意不在单纯的防御，而是意在“制敌于远”的远洋威慑。日本吞灭琉球国再次敲响了警钟，唤醒了中国的远洋战略意识。

光绪十年（1884年）的中法战争，由于不战不和，边打边谈，导致了复杂多变的战争局势，法国海军先发制人，在闽江出海口消灭了福州船政局建立的第二支中国海军——南洋海军。

南洋海军毁于一旦，震动全国，再次引起“海防大筹议”。北洋海军加快了建设，终于在光绪十一年（1885年）成军，成为中国第四支海军。经过30年的曲折和奋斗，建成清代最强大的一支海军。

注释：

①北洋通商大臣的简称，办理天津、登州、牛庄等三口的通商交涉事务，后又总揽外交、海防等各项事权，由直隶总督兼任。

②南洋通商大臣的简称，地位和北洋大臣相当，职权也大体相同，辖东南沿海和长江沿岸各通商口岸，由两江总督兼任。

三、北洋海军的建成

经过30年的造船和买船，清朝政府终于建立起一支北洋舰队。这30年中，制造和购买了100余艘大小军舰，1884年中法战争中被击沉了一批。此外，触礁沉没、陈旧报废或不宜作战而改成教练船、运输船、商用船的很多。所以，后来编入北洋舰队序列的正式军舰只有16艘。南洋方面（指长江以南的沿海省份）也保留着少数舰只，但又小又旧，不能成军作战。

北洋舰队的精锐战舰只有7艘，

即“定远”“镇远”2艘铁甲舰（主力舰），“致远”“靖远”“经远”“来远”“济远”5艘穹甲快舰（巡洋舰）。这7艘军舰是花了将近800万两银子从德国和英国买来的。此外，还有“平远”“超勇”“扬威”等快舰，“镇东”“镇西”“镇南”“镇北”“镇中”“镇边”等蚊子炮船（炮舰），以及许多教练船、运输船和鱼雷艇。

清政府除了购买军舰以外，又动员大量人力、物力建设旅顺和威海卫的海军军港，建造船坞，修筑星罗棋布的海岸炮台，驻屯大批军队，于是北洋海军的规模大体具备。1885年，又在京城设立了海军衙门，醇亲王奕譞（光绪皇帝的生父）担任总理大臣，奕劻和李鸿章担任会办，善庆和曾纪泽担任帮办，而实际负责海军工作的是李鸿章。

近代化海军在中国前所未有，缺乏专门人才是很大的问题。李鸿章派去统率北洋海军的海军提督[①]丁汝昌是个旧式的陆军军官，不懂得海军，所以聘用了许多外国教习和军官。长期担任水师总查[②]的是英国人琅威理，琅威理治军严明，管理有方，很快提高了北洋海军官兵的军事素质。但由于丁汝昌不在的时候，提督旗降落，琅威理坚持要升起自己的旗子来代表北洋海军，因此激起一些军官的不满，北洋海军中展开了一场驱逐琅威理的运动，李鸿章不得不把他辞退。此外，德国人式百龄、汉纳根和英国人马格禄也都取得过北洋海军提督或副提督的官衔。这些人对北洋海军的建设都做出过贡献。

北洋海军里管带（即舰长）以下的中下级官佐，主要由福州船政局留学外国的学生或中国学堂的学生们担任，如我国第一批官费留学生刘步蟾、林泰曾、林永升等分别担任各舰的管带；著名的翻译家严复也是同期的留学生，担任天津水师学堂的总教习；著名的思想家、语言学家马建中是法国留学生，负责天津水师营务处[3]的工作；还有黄海大战中壮烈牺牲的致远舰管带邓世昌，也是福州船政学堂最早的优秀学生。

这些学生们学习了西方的科学知识和驾驶技术，是北洋海军中不可缺少的专家。他们既有传统教育的根基，有一腔爱国热忱，也有新知识、新思想。其中有些人如邓世昌、林永升等，在后来激烈的海战中勇往直前，英勇地献出了自己的生命。他们是近代中国反侵略斗争中的民族英雄。当然，这些学生中也有一部分不良分子，整日花天酒地、聚赌宿娼，到了战争临头，便贪生怕死，当了可耻的逃兵。

北洋海军里的士兵都是从沿海劳动人民当中招募来的。他们勇敢、耐劳、勤于操练、严守纪律。一个外国人描写他看到的情形时说："水手们面部总带着愉快的笑容，他们的动作活泼机敏，用种种方式把炮座装饰起来，对炮座、船只流露出亲切的感情。从战争道德来说，舱面的士兵和机械室里的职工都是最优秀的。”的确，北洋海军的广大士兵具有高度的爱国热忱和英勇顽强的战斗精神，后来中日海战中给予日本侵略者以巨大的打击。他们是甲午战争中坚决的抵抗派，是保卫民族利益的一支主要力量。黄海大战之前，有一位舰员的弟弟正好在定远舰上探亲，没来得及下船，舰队就紧急护送陆军奔赴朝鲜。大战中这个少年参加作战，表现极为英勇，体现了中华民族的气节。战斗中，很多外国教习军官和中国官兵并肩作战，英勇战斗，有的战死，有的受伤，其中比较著名的有美国人马吉芬，他留下了描写战斗过程的记录。

北洋海军成军之后，再没有增添

一艘军舰，停止发展。部分是因为财政原因，维持一支大型的舰队花费很多，清政府的财政收入本来就难以为继，再加上慈禧太后不顾国家大局而大兴土木，染指海军经费，于是购船完全停止下来。

注释：

①北洋海军的指挥官。

②相当于总顾问、总教习一类的官。

③营务处是负责军营中行政事务的机构。

四、日本不宣而战

当北洋海军建立的时候，远东形势正逐渐紧张起来，矛盾的焦点集结在朝鲜问题上。英国、美国、俄国、日本等一个跟着一个打进了朝鲜，特别是刚刚兴起的日本，抱着独霸东亚的野心，企图并吞朝鲜，然后再以朝鲜为跳板，侵入中国的东北。日本屡次在朝鲜策划政变，发动武装挑衅。

中国和朝鲜都是被侵略、被蹂躏的国家。两国人民在历史上有悠久的经济、文化的交流，在反对帝国主义侵略的斗争中更进一步结成了兄弟般的友谊。日本侵略者在朝鲜发动的几次政变，在朝鲜人民的努力和中国的支援下都被镇压下去了。日本把中国看成是自己侵略道路上的绊脚石，要并吞朝鲜，一定要先打败中国。日本侵略者抱着这样的信念积极地准备战争，欧洲列强袖手观望，以便从中得利。远东的天空中密布着重重阴云，一场暴风雨即将来临。

1894年6月，清政府应朝鲜统治者的请求，派遣陆军2000多人开赴朝鲜，帮助镇压朝鲜东学党起义，当中国军队开到朝鲜，东学党起义已被镇压下去。日本侵略者抓住这个机会，认为发动侵略战争的时机已到，借口保护使馆和侨民，派大批军队侵占了汉城，威逼朝鲜政府订立亡国条约。中国军队被隔绝在牙山一带，孤立无援，有被歼灭的危险。到了这样的地步，李鸿章起初想依靠英国、俄国出面调解，争取准备的时间。7月下旬，李鸿章派出2000多名援军，分乘商船，开赴朝鲜，并派海军“济远”“广乙”等舰护航。

哪里知道天津的电报局里遍布日本间谍，日本方面立即得到了中国增援和护航的详细情报。7月25日，“济远”和“广乙”从牙山回驶，行至丰岛海面，日舰“吉野”“浪速”“秋津洲”预伏在此，进行袭击。当时中日两国并没有宣战，日本海军用不宣而战的卑鄙手段，首先发炮攻击，中国军舰也进行还击。

“广乙”是广东的军舰，因参加

海军巡阅而来到北方，没有来得及回广东，就和“广甲”“文丙”等编入北洋舰队中。“广乙”舰船身小、战斗力弱，开战后不久就受了重伤，船身倾斜，管带林国祥可耻地逃离战场，后来驶至朝鲜海岸浅滩，将船焚毁。

济远舰上的士兵和某些将领作战很英勇，他们和优势的日舰猛烈搏斗，大副沈寿昌等数十人中炮牺牲。管带方伯谦下令撤退。当时正好有商船“高升号”、运船“操江号”载运1000多名陆军和各种器材驶来，“济远”本有护航的责任，却丢下“高升”和“操江”不管。日舰“吉野”穷追不舍，方伯谦挂起白旗，在白旗下面又挂了日本的海军旗。济远舰上的士兵十分气愤，水手王国成、李仕茂等违反方伯谦的命令，发尾炮轰击，连发4炮，3炮命中，其中有一炮击中“吉野”的要害，“吉野”受伤，船头立即低俯，不敢再追击。这个事实说明了中国士兵的英勇机智和爱国热忱，可惜他们在怯懦的将领的指挥下，不能够充分发挥打击敌人的力量。

“高升”和“操江”两船失去保护，结果满载器械的“操江号”被日舰俘去。日舰又强迫“高升号”投降，“高升号”上的中国士兵和军官宁肯葬身波涛之中，坚决拒绝投降。日舰发炮轰击，中国军队以步枪还击。最后，“高升号”被日舰发射的鱼雷击沉，船上1000多名英勇坚决的士兵壮烈地沉没在大海中。

当“济远”“广乙”出发护航时，

北洋舰队本来准备全部出动应援，众舰已生火待发，但李鸿章认为中日两国尚未宣战，日舰一定不会先开火，电令北洋舰队不必出动。假使不是李鸿章阻挡的话，北洋舰队正好可以赶上丰岛海战，3艘日舰必将遭到歼灭性的打击。

丰岛海战中，中国军舰一逃一焚，陆军千余人牺牲，日本以不宣而战的偷袭手段取得了可耻的“胜利”。而中国广大士兵表现了英勇机智和临危不屈的爱国主义精神，值得我们赞颂和敬佩。

丰岛海战以后，中日两国的陆军在朝鲜进行了激烈的战斗。北洋海军没能拦截日军在朝鲜登陆。日本侵略者在朝鲜战场上取得优势，攻陷了中国军队设防的平壤，把战火烧至鸭绿江边。

五、黄海大战

1894年9月中旬，中日陆军在平壤激战，中国派援军从海道到鸭绿江边的大东沟，北洋舰队出去护航。护航的任务完成以后，北洋舰队准备于9月17日返航旅顺。这时候，日本舰队挂着美国的旗子，全队开到大东沟外，抱着“聚歼清舰于黄海中”的狂妄计划，逼我进行决战。丁汝昌等发现日舰逼近，遂列阵应战，一场悲壮激烈的海战开始了。

大东沟外，中国军舰共有14艘，其中4艘因太小太弱而没有参加作战，实际投入战斗的只有10艘，另有鱼雷艇4艘。日舰共有12艘，全部投入战斗。从力量对比来说，中国军舰10艘，共3.1万吨。日本军舰12艘，共3.8万吨。日舰在数量上略占优势。更重要的是中国军舰陈旧，主力战舰“定远”和“镇远”的舰龄已达12年，日本军舰大多是在甲午战争前不久下水的，式样很新，动作便捷。从航速方面看，日本最快的“吉野”每小时可达22海里，其他日舰大多是每小时19海里，中国舰只的速度每小时只有十四五海里。而且，日舰装备的速射炮很多，进攻的速度快、火力强。中国军舰的优点是“定远”和“镇远”的炮较大、装甲较厚。总的来说，日舰在数量和质量上都占据优势。

中日两支舰队相遇，日舰以“吉野”“高千穗”“秋津洲”“浪速”4艘精锐的战舰为前锋，旗舰“松岛”率领“千代田”“岩岛”“桥立”“比睿”“扶桑”等舰组成本队，排成鱼贯纵列式依次衔尾前进，最弱小的“西京丸”“赤城”掩蔽在本队的左舷侧。舰队司令伊东祐亨在松岛舰上指挥作战，海军军令部长桦山资纪乘坐“西京丸”观战。中国军舰排成雁行横列式迎战，“定远”“镇远”居中，“定远”的左面是“靖远”“致远”“广甲”“济远”，“镇远”的右面是“来远”“经远”“超勇”“扬威”。海军提督丁汝昌乘坐旗舰“定远”督战。

日本舰队的阵式是以4艘快速舰

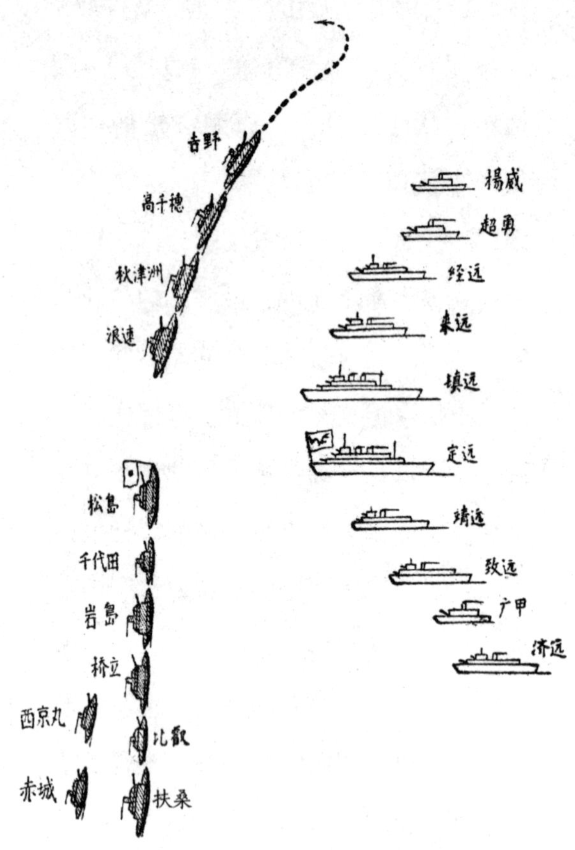

海战开始时双方队形图

作为进攻主力，并且始终以舷侧炮应战，充分利用了快速舰的机动灵活性和一舷齐射的速射炮威力，但是它殿后的几艘弱舰没有强舰掩护则易受攻击，这是它的弱点。中国舰队是遭到突然袭击而仓促整队的，排成雁行横列式是为了使“定远”“镇远”两巨舰突出在中央的前方，以掩护整个舰队，同时又使全部战舰可以迅速地接近敌舰，以便发挥全队的炮火威力。但是这种横列阵式只能利用舰首炮在较狭窄的扇面范围内进行射击，不能充分发挥全舰的火力；而且此阵式把速度不同的船只错综混合地编在一起，大大限制了其中某些快速舰（靖远舰和致远舰）的运动速度，削弱了主动进攻的能力，以致整个舰队始终处在不利的防御地位。

9月17日中午12时50分，炮战开始。日方“吉野”等4艘先锋舰以两倍于我舰的速度横越我队形前面，绕攻我右翼的“超勇”“扬威”两弱舰，旗舰“松岛”率本队继进。一时炮声大作，黄海的海面上波涛汹涌，烟雾弥漫。我旗舰“定远”的桅楼被敌弹轰塌，丁汝昌等坠楼受伤，我舰队失去号令，不能适应战斗形势而改变队形。不久，“超勇”“扬威”两舰中弹起火，“超勇”首先倾覆。但日本舰队殿后的“比睿”“扶桑”“西京丸”“赤城”4艘弱舰速度迟缓，跟不上本队各舰，被“定远”“镇远”等拦腰截断，陷入我方火力网中。我炮猛烈轰击，敌舰升起

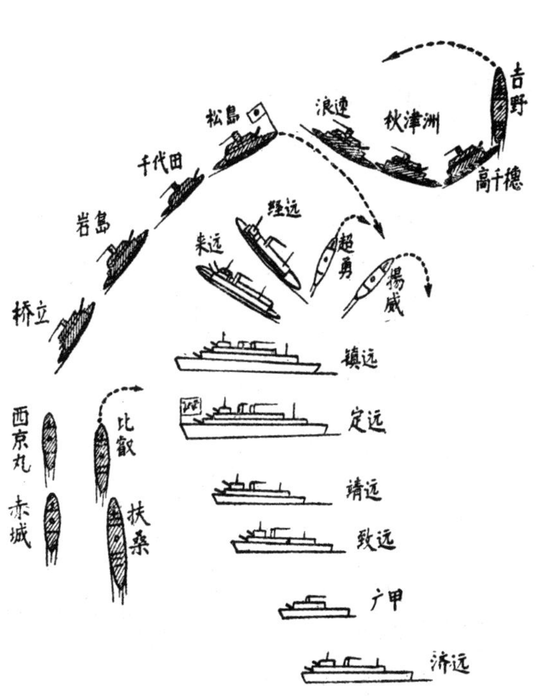

交战后双方队形图

熊熊大火，负伤惨重。第一个回合的战斗，双方都集中火力攻击对方的弱舰，互有杀伤。从战果上说，彼此旗鼓相当，未分胜负。

这时，日本先锋4舰见殿后弱舰危急，就向左回旋，返回援救，日舰本队也越过中国舰队的右翼，向右回旋，形成钳形包围圈。中国方面因旗舰“定远”的桅楼已坍塌，无法传送号令，诸舰各自为战，队形紊乱，陷入包围圈中。

但是大部分中国军舰都沉着应战，发挥了勇敢顽强的战斗作风。无论日本方面还是参与战斗的外国顾问都承认中国的水兵“炮术极佳”“可称善战”。他们瞄准敌舰，奋勇射击，弹无虚发，个个命中。奇怪的是日本军舰好

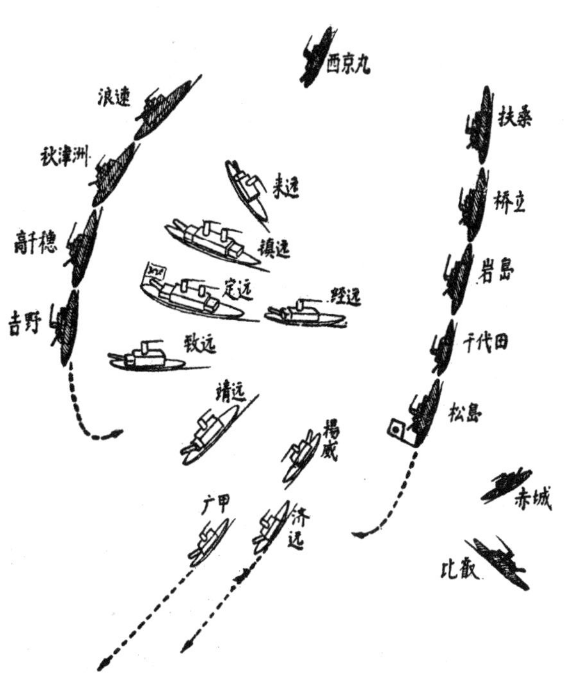

日舰包围清舰图

像使用了什么魔法，炮弹打中了，竟不能爆炸。原来，外国军火商和中国军需官狼狈为奸，把装满泥沙的假炮弹冒充真炮弹，使海军将士在这次激战中大吃苦头。

敌舰的速射炮迅速地吞吐着火舌，密集的弹雨倾泻在我方战舰上，优势已被敌方掌握。勇往直前的致远舰中弹最多，全船大火，像一条负了伤的火龙。管带邓世昌见敌势猖獗，愤不欲生，奋勇地鼓轮，直向“吉野”撞去，准备和“吉野”同归于尽，以挽救整个战局，不幸被“吉野”所放的鱼雷击中，顿时倾覆，邓世昌和全船官兵壮烈牺牲。

最可耻的是“济远”管带方伯谦和“广甲”管带吴敬荣，他们看到致远舰沉没，恐怕敌舰转过大炮轰击自己，慌忙转舵逃跑，一口气逃回了旅顺。匆促之间，济远舰竟撞着了已负重伤、漂浮在海面上的扬威舰的舵叶，扬威舰被撞沉海底。广甲舰脱离战斗后，恐怕敌舰追赶，靠着海岸浅滩处迂回行驶，不料中途搁浅，吴敬荣弃船登陆，狼狈逃生。几天以后，“广甲”被日舰发现击沉。

战斗愈来愈激烈，敌舰把火力集中到经远舰上，经远舰管带林永升浴血抗击，中弹阵亡，船也被焚沉没。中国的10艘军舰，4沉2逃，还剩下4艘在坚持战斗。

但是中国的海军将士们并没有气馁，他们在邓世昌、林永升等英勇战斗精神的鼓舞下，奋力作战，越战越勇，使日本方面付出了惨重的代价，“赤城”“比睿”“西京丸”已脱离队伍，暂时不知去向。战斗结束后，日舰才发现它们瘫痪在远处海面上，其中“西京丸”还几乎被我舰生俘。“吉野”和“扶桑”都受重伤，死亡枕藉，烈火熊熊，船面上被轰得荡然无存。特别是旗舰“松岛”被我舰火力所萃，中弹数百处，已像一具仅存躯壳的僵尸，完全失去了指挥和作战的能力，靠着其他日舰的扶持才没有立即沉入海底，敌舰半数已负重伤。

这时，红日已经西斜，万顷碧波上笼罩着浓密的烟雾，敌方先锋4舰仍在环攻我“定远”“镇远”。这两艘铁甲舰紧靠在一起，像两个巨人，英勇地屹立在枪林弹雨中。战斗已进入最后阶段，双方的大炮仍在轰隆隆地怒吼，“靖远”见“定远”桅楼坍折，不能号令指挥，就主动升旗集队，大东沟内的“平远”和“广丙”也出来集合。时间已到下午5点30分，日舰伤亡惨重，筋疲力尽，不能再战。旗舰“松岛”已完全瘫痪，就由桥立舰代行升旗收兵。气壮山河的一场大战结束了。日舰在苍茫暮色中向西南方向遁逃。

这次海战进行了4个半小时，结果中国失去5舰，尤其是“致远”“经远”的沉没，损失是很大的。日方受重伤的有6舰，其中“西京丸”已粉身碎骨，“比睿”“赤城”如罹腰斩，这3艘日舰勉强被拖回日本，不久“西京丸”和“赤城”即沉没。旗舰“松岛”

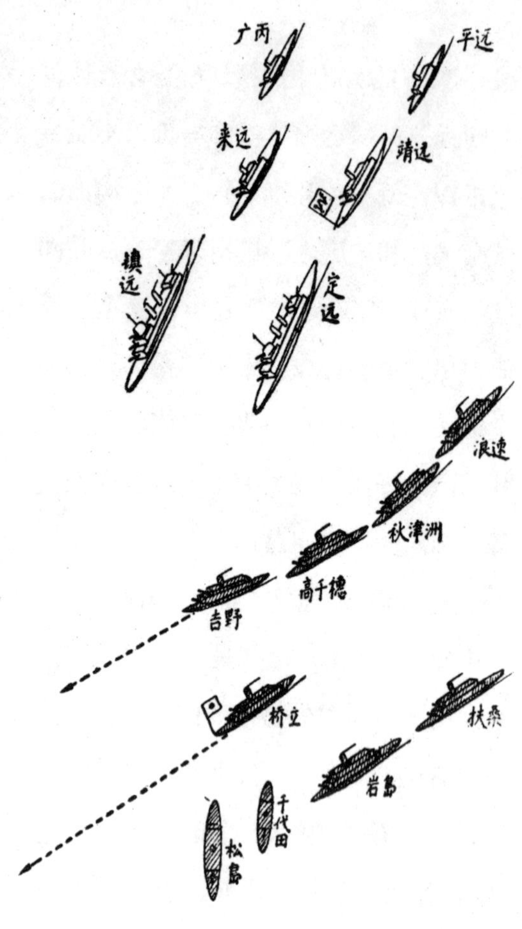

战斗结束时双方队形图

受伤太重，已无法修理，此后即退出战舰序列。所以，我方虽未获胜，而日方也没有占着很大便宜。

这次海战，中国方面的条件是很不利的。第一，北洋海军在8年之内没有购置新舰，所以我舰在数量和质量上均居劣势，而日本海军主力是后来购置的新型军舰，航速快、炮速快、机动性强，双方炮速为6：1，即我军发1弹，敌军发6弹；第二，日方发动突然袭击时已排列成主动进攻的队形，我舰被迫应战，仓促整队，处于被动地位；第三，炮战开始后“定远”桅楼被轰折，不能号令全军，我舰失去总指挥，处于各自为战的状态；第四，方伯谦、吴敬荣临阵脱逃，而且撞沉扬威舰，冲乱了队形，我方战斗力大为削弱。这些都是对我方极不利的条件。但是我方士兵忠勇奋发、斗志昂扬，不因稍挫而气馁，给来犯的敌舰以迎头痛击。“定远”“镇远”两舰各中弹数百发，但铁甲坚厚，打不沉，艰苦地支撑到最后，终于击退了日舰，粉碎了敌人“聚歼清舰于黄海中”的狂妄计划。

黄海大战中，中国海军的英勇战斗事迹将长存史册，他们的爱国主义精神将永垂不朽！

黄海大战，中日双方均受重创，但日本海军修复能力优于中国海军，北洋海军在旅顺口修理的时候，日本舰队已能逐渐恢复，重回海上。这对后来的战事起到了重要的作用。

六、旅顺口和威海卫的陷落

黄海大战的同时，平壤也发生了激战，但是陆上战事的情况比海战要糟糕得多。清军统帅叶志超、卫汝贵不战而逃，平壤失守，战火很快蔓延到中国领土上。10月下旬，日本侵略军分两路侵入中国，一路从朝鲜跨越鸭绿江，攻占我国东北边境上的九连城、凤凰城；另一路由海道至辽东半岛腰部东侧的花园口登陆，从背后袭击旅顺海军要塞。战斗进入了极艰苦的阶段。

旅顺和威海卫是北洋海军的两个基地。这两个军港夹海相对，控制着渤海的门户。旅顺背山面水，形势险要，李鸿章花费了10多年时间和几千万两银子，在这里建筑了新式的大船坞、18座海岸炮台，还有一些陆路炮台，装备着数百门最新式的德国克虏伯大炮，并且还贮存着无数军械、器材和粮食，驻防军队有两万人。按照地势、兵力、装备来说，清军大可和日本侵略军进行一场有声有色的决战。但是由于许多清军将领的不战而逃，一切有利条件都没有发挥作用。这个异常坚固的海军要塞只经过短促的战斗就完全崩溃了。

日军登陆前的6天，受到重创的北洋海军离开旅顺，驶往威海卫修理。10

月24日，日军开始在旅顺的后路花园口登陆，日军三万人和大批军火、辎重用浮码头陆续运送了12天才全部登岸。

日军进攻开始了。总兵[1]徐邦道主张在旅顺的后路设防抵抗，他率领2000多士兵从已经无人管理的仓库里拖出4门大炮，开到旅顺的后路。这里的日本侵略军以为旅顺的守军已经逃光了，便大摇大摆地闯进来，冷不防被徐邦道用大炮轰击一阵，死伤遍地，狼狈逃窜。徐邦道率领2000多英勇儿郎一直追杀到金州[2]西南的双台沟。

但是徐邦道的军队很少，而且没有帐篷、粮食、锅具。旅顺的官僚、将军逃得一干二净，没有人给这支出力抗日的军队办后勤供应。他们打了一整天仗，已经是精疲力竭，还得退回旅顺去吃饭。几天以后，日军集中了100多门大炮猛攻旅顺，徐邦道军战败。11月21日，日军侵占旅顺口，这个经营了10多年的海防要塞同仓库里的大批枪炮、器材、粮食全都成了日本侵略军的战利品。

旅顺口陷落以后，日本侵略者立即策划着进攻另一个海军要塞——威海卫。威海卫突出在山东半岛上，南北两岸渐伸入海，环抱成半圆形，港口横列刘公岛和日岛。这里有海军提督衙门和各种海防设施，威海卫北岸有9座炮台，南岸有3座炮台，刘公岛和日岛上有5座炮台，共安装大炮160多门，确是个地势险要、设防森严的优良军港。日本侵略者不惜一切代价要夺取这个地方，以便完全消灭停泊在这里的北洋海军。

日本进攻威海卫的办法与进攻旅顺一样，绕过要塞炮台的正面，从后路登陆，发动进攻。

1895年1月20日，日军在威海卫东侧荣成县的龙须岛登陆。这里是个很重要的地方，但驻防的清兵只有400人。日军出动了25艘战舰和2万人，一拥而上，清军抵抗不住，日本侵略军纷纷爬上了山东半岛，在威海卫的后方点燃了战火。

这时，北洋海军一动不动地株守在威海卫的军港里，眼睁睁地坐视敌人从容登陆，抄袭自己的后路，束手待毙。

日军登陆以后，立即抢占荣成，

并分兵两路，进扑威海卫。山东巡抚李秉衡事前没有周密设防，临时调集一些军队堵御，战斗几昼夜，都失败了。日本侵略军推进到威海卫南岸炮台的后路。

接着，日军开始进攻威海卫。威海卫南岸炮台的主将刘超佩假称腿部受伤，坐小轮船逃跑了。中国士兵们自发地起来抵抗，北洋海军也在军港中发炮支援，给敌军以重大杀伤，日军左翼队司令官大寺少将也被炮火击毙。战斗两昼夜，中国守军既失指挥，又无援军，南岸炮台遂告失守。

战斗前夕，丁汝昌恐怕炮台的大炮被日军夺去后用来俯击军港中的北洋海军，所以预先拆卸下大炮的机件。但是，炮台守将认为这样做自己的面子上不好看，坚决反对拆卸大炮，到李鸿章那里告状，李鸿章电令丁汝昌把拆卸下来的大炮机件都送回去。没过几天，南岸炮台就失守了，这些大炮都被日军俘获。这时定远舰上有一个勇敢机智的炮手李某，在炮台失守前夕，上岸用大量炸药炸毁了一座炮台，减轻了对港内军舰的威胁，可惜的是另外两座威力强大、机件完整的炮台仍然落入日军的手中。

南岸炮台失守以后，北岸炮台的清军将领纷纷逃跑，士气瓦解，日军没有经过什么战斗就轻而易举地占领了北岸炮台。

南、北两岸炮台陷落以后，北洋

海军被困在刘公岛边，前有大批日舰的封锁堵截，后有陆路炮台的猛烈轰击，北洋海军像釜底之鱼，陷入了绝境。

注释：

①镇守一方的统兵官。

②今辽宁金县，在旅顺东北。

七、北洋海军的覆灭

强烈的北风在呼啸，威海卫的群山上覆盖着皑皑白雪，日本侵略军居高临下，用刚刚俘获来的海岸大炮连续向军港射击，海水被掀起一根根直升百丈的水柱，隆隆不绝的炮声震得山鸣谷应。

北洋海军在进行最后的抵抗，军舰上、刘公岛上以及日岛上的大炮一齐怒吼，显示了中国军队抵抗到底、宁死不屈的决心。一个曾经目睹这次炮战的外国顾问，对当时日岛炮台上的情形有这样一段描写："从战争开始到停止，日岛当着南岸3炮台的炮火。地阱炮升起来后，更成了那3炮台的标的。这些炮并没有附着镜子，所以升炮的人一定要到炮台上面去，结果这人立刻受对方炮击，这是很危险的职任。可是那些年轻的水兵仍旧坚守着这些炮，奋勇发放。一次，3个水兵守着一个炮，冒着凶猛的轰击。汤玛斯（炮台上的外国顾问）叫他们放弃这炮，他们都反对。其中有一个因炮弹爆发，颈上、腿上和臂上3处受了伤，可是一等伤处裹好，他仍旧坚决地回到他的职守，只手助战。"

由于军港的东口靠近威力强大的

南岸炮台，中国军舰不能在这里驻足，便开到西口避炮。日本的鱼雷艇在炮火掩护下，拆除了东口的水雷和障碍物，于夜间进港偷袭。2月4日清晨，日本两艘鱼雷艇趁着天黑之际，直扑定远舰，定远舰发炮迎击，将两艘鱼雷艇击沉，但定远舰也被水雷击中，受了重伤，后来我方自行将定远舰炸沉。

当时丁汝昌曾经提出突围的主张。突围当然会遭到重大损失，甚至可能全军覆没。但以北洋海军尚保持的实力来说，突围一定能给敌舰相当的杀伤，比起困在港内挨打要强出无数倍。但是，这个主张遭到外国顾问和怕死的官吏们的坚决反对而没有实现。

时间一天天过去了，北洋海军整

日夜处在大炮轰击和鱼雷艇偷袭的威胁中。2月6日，“来远”“威远”“宝筏”3舰被偷袭的日本鱼雷艇击沉。2月9日，靖远舰又中炮沉没。丁汝昌为了回击敌人的偷袭，命令左一鱼雷艇管带王平率13艘鱼雷艇袭击敌舰。但卑鄙的王平胆小怕死，当双方舰只在东口炮战时，他不但不执行伺机袭击敌舰的命令，反而率领全部鱼雷艇从西口逃跑。这一群可耻的逃兵不久即被日舰追及，连船带人全都被敌人俘获。

敌人的包围一天天紧缩，北洋海军舰只日益损耗，弹药粮食也将用尽。丁汝昌等人天天盼望陆上援军从日军手里夺回南、北岸炮台。可是那些清军将军们早已逃得无影无踪，山东巡抚李秉衡空嚷一阵“反攻”“增援”，却没有派出一个兵来，自己躲在数百里外的掖县（治所在今山东莱州）行辕里围炉赏雪，置北洋海军全体将士于死地而不顾。

2月11日，丁汝昌得密信，知外援无望，势难久守，就召集会议，命令冒死突围。但是，副提督英国人马格禄、美国顾问浩威、德国顾问瑞乃尔、英国顾问泰莱等都反对，他们和一些官吏、将领如营务处的牛昶炳等勾结起来，拒绝突围，还主张献出军舰、炮台，向日本投降。丁汝昌下令炸沉镇远舰，他们恐怕毁坏了乞降的礼物，日本人会生气，又不执行命令。他们甚至收买一些流氓兵痞，持刀威胁丁汝昌，逼他赶快投降。丁汝昌在投降派的胁迫下，不能执行统帅的权力，于2月11日夜间服毒殉国，和丁汝昌同时自杀的还有总兵刘步蟾（定远舰管带）、张文宣（刘公岛陆军统领）、杨用霖（镇远舰代理管带）等。

丁汝昌是北洋海军的统帅，他出身于淮系陆军[①]，被李鸿章提拔为海军提督，丁汝昌表现了一个爱国军人的应有品质，他竭尽所能，抵抗日本的侵略，临危不屈，死而后已，和那些可耻的逃跑将军、投降将军是不可同日而语的。

丁汝昌死后，投降派更肆无忌惮地活动起来，他们在牛昶炳的住所开会，公推美国顾问浩威起草了投降书，向敌人乞降。日本军队靠这些投降派的帮助，开进了刘公岛。当时，不甘屈服的士兵们还踞守着几个据点，进行最后的抵抗，但随即被日军镇压。留在军港中的残余舰只“镇远”“济远”“平远”“广西”以及大批枪炮、辎重都拱手送给了敌人。北洋海军就这样全军覆灭了。

注释：

①清末以李鸿章为首的封建军阀武装。

八、结束语

北洋海军的建立经过了30年的岁月，付出了艰苦卓绝的努力，其中有千千万万动人的故事，它所体现的是中国在列强环伺、民族危亡之际民族的奋起和抗争的历史。

北洋海军的建立不仅是一支武装力量的兴起，而且是引领整个洋务运动发展的历史事件，代表着中国社会从农耕文明向近现代社会转型的过程。一支海军如果没有钢铁、没有船坞、没有造船厂、没有铁路、没有矿山、没有学堂、没有专业化人才，则不能称其为海军。北洋海军的建立标志着中国社会全方位的进步，它奠定了中国近现代社会的基础。

那些为建立中国海军而艰苦奋斗的人们，那些为后世创立发展基业的人们，那些在捍卫国家主权和尊严的战争中牺牲的人们，永远值得我们尊敬和纪念。

修订后记

这是写于1962年的一本旧作。1958年，北京市副市长吴晗同志鉴于市场上缺乏历史的普及读物，因而以个人之力组织“中国历史小丛书”编委会，聘请人员写作。该丛书以普及中国历史知识为目的，出版以后大受欢迎，不仅中学生人手一册，竞相购阅，就是中年知识分子与干部也十分爱读，几有洛阳纸贵之盛。1962年，吴晗同志向编委会提议，每一编委必须选写一册，以为倡议。当时我忝为编委之一，因此选择此题写成此书。“中国历史小丛书”共出版一百数十种，写作者遍及全国各地，往事已成尘影，徒供忆叹！

当年北洋海军的史料甚少，四处访觅难得。时过55年，大批历史资料被发现和出版。当年因无史料，缺陷很多，如今重新出版，但我现在无法大量阅读改写，只能略加修改，略微改进。简陋之作，难以尽如人意。

戴逸识，年九十一岁

出版说明

“新编历史小丛书”承自上世纪60年代吴晗策划的“中国历史小丛书”，其中不少名家名作是已经垂之经典的作品，一些措辞亦有写作伊初的时代特征。为了保持其原有版本风貌，再版过程中不做现代汉语的规范化统一。读者阅读时亦可从中体会到语言变化的规律。

新编历史小丛书编委会

图书在版编目（CIP）数据

北洋海军 / 戴逸著. — 北京 ：北京人民出版社，2019.5

（新编历史小丛书）

ISBN 978-7-5300-0354-1

Ⅰ. ①北… Ⅱ. ①戴… Ⅲ. ①北洋海军—历史 Ⅳ. ①E295.2

中国版本图书馆 CIP 数据核字（2016）第 276105 号

责任编辑 陶宇辰
责任印制 陈冬梅

新编历史小丛书

北洋海军

BEIYANG HAIJUN

戴逸 著

出　　版 北京出版集团公司
　　　　 北京人民出版社
地　　址 北京北三环中路 6 号
邮　　编 100120
网　　址 www.bph.com.cn
总 发 行 北京出版集团公司
印　　刷 北京汇瑞嘉合文化发展有限公司
经　　销 新华书店
开　　本 880 毫米 ×1230 毫米 1/32
印　　张 3
字　　数 23 千字
版　　次 2019 年 5 月第 1 版
印　　次 2019 年 11 月第 2 次印刷
书　　号 ISBN 978-7-5300-0354-1
定　　价 18.00 元

如有印装质量问题，由本社负责调换
质量监督电话 010-58572393